Made in the USA
Coppell, TX
16 December 2019

13087000R00066